Paramahansa Yogananda
(1893-1952)

PARAMAHANSA
YOGANANDA

Å være
seirende
i livet

Self-Realization Fellowship
FOUNDED 1920 BY PARAMAHANSA YOGANANDA

OM DENNE BOKEN: Forelesningene i *Å være seirende i livet* ble opprinnelig utgitt av Self-Realization Fellowship i tidsskriftet *Self-Realization*, grunnlagt av Paramahansa Yogananda i 1925. Disse talene ble holdt ved Self-Realization Fellowships internasjonale hovedkvarter i Los Angeles og ved SRF-tempelet i Encinitas, California; og de ble stenografisk nedtegnet av Sri Daya Mata, en av Paramahansa Yoganandas tidligste og nærmeste disipler.

Opprinnelig tittel på engelsk, utgitt av
Self-Realization Fellowship, Los Angeles (California):
To Be Victorious in Life

ISBN: 978-0-87612-456-7

Oversatt til norsk av Self-Realization Fellowship

Første utgave på norsk, 2024
First edition in Norwegian, 2024
Dette opplag 2024
This printing, 2024

ISBN: 978-1-68568-184-5

1324-J08152

INNHOLD

DEL I

DEL II

Å være seirende i livet

DEL I

Å utvide din bevissthet mot allsidig suksess[1]

———❖———

Døren til himmelens rike er i det subtile senter av transcendental bevissthet ved punktet mellom øyen-brynene. Hvis du fokuserer din oppmerksomhet på dette senter for konsentrasjon, vil du finne stor åndelig styrke og hjelp fra ditt indre. Føl at din bevissthet vokser i guddommelig bevissthet. Føl at ingen hindringer finnes, ingen tilknytninger til

[1] Hentet fra taler rundt dette emnet, holdt i oktober/november 1939.

legemet, men at du beveger deg kontinuerlig inn i Guds rike, som kan nåes gjennom det åndelige øye.[2]

Be med meg: «Himmelske Fader, åpne mitt åndelige øye slik at jeg kan tre inn i Ditt allestedsnærværs rike. Fader, la meg ikke forbli i denne jordiske verden av elendighet; led meg fra mørke til lys, fra død til udødelighet, fra uvitenhet til uendelig visdom og fra sorg til evig glede.»

DEN UBEGRENSEDE
ÅNDELIGE KRAFT I OSS

På din vandring langs svingede og forgrenede veier i livet, søk fremfor alt å oppdage veien som fører til Gud. I de gjennomprøvde metoder til Indias opplyste *rishier*, har den universelle måte for hvordan å beseire usikkerhet og uvitenhet blitt vist ved å følge det spor av guddommelig lys de har tent,

---

[2] Øyet av intuisjon og allestedsnærværende innsikt ved Kristus-*(Kutashta)* sentret *(ajna chakra)* mellom øyenbrynene. Det åndelige øye er inngangen til de høyeste tilstander av guddommelig bevissthet. Ved å vekke og trenge gjennom det åndelige øye, opplever den hengivne suksessivt høyere tilstander: overbevissthet, Kristus-bevissthet og Kosmisk Bevissthet. Metodene for å oppnå dette er deler av *Kriya-yoga*-vitenskapens meditasjonsteknikker, som læres til studenter av Paramahansa Yoganandas *Self-Realization Fellowship Lessons.*

direkte til det Høyeste Mål. Self-Realization Fellowships lære er stemmen til Indias mestre, sannhetens stemme, stemmen av vitenskapelig Gudserkjennelse, gjennom hvilken en fremtidig verden vil finne forståelse, emansipasjon og frigjøring.

Det er kun i Gudsbevissthet at vi oppnår endelig frihet, fullkommen frigjøring. Da det er slik, må vi forsøke å gjøre vårt ytterste inntil vi fra himmelens hender mottar vitnemålet med vår Himmelske Faders anerkjennelse, ved hvilket Han gir oss seier over alle ting. Denne verden er kun et Guds for-søksrom hvor Han tester oss for å se om vi vil utvikle den ubegrensede åndelige styrke i oss, eller la oss begrense av materielle tiltrekninger. Han har forblitt stille, og det er opp til oss å velge. Jeg tror ikke vi begår en feil ved å følge læren India har gitt oss, og som hennes mestre har spesialisert seg i. Hennes høyeste gave til verden er kunnskapen om hvordan å finne Gud gjennom trinnvise metoder. Hvis du følger Self-Realization-læren jeg har bragt til deg fra Indias Mestre, vil du kunne finne Gud i dette liv. Dette kan jeg bekrefte for deg. Start nå, før muligheten er tapt og du blir revet bort fra denne jorden.

Hvert ord som kommer til deg gjennom meg, kommer fra Gud. Og det jeg forteller deg, har jeg erfart. Hvis du praktiserer disse sannheter, vil du selv erfare at det jeg sier er virkelig. Jeg gir deg gullklumper av sannhet; de vi gjøre deg rik i Ånden dersom du bruker dem til deres fulle potensiale. Mens verden haster av gårde, uten å vite hvor, sløs ikke med din tid gjennom kortsynte anliggender. Hvorfor jage etter litt penger eller litt helse? Disse er blindgater. Vi synes å være så svake – noe går galt og vi faller sammen. Men bak hvert ben og hver fiber, bak hver tanke og hvert uttrykk for vilje, er Guds uendelige ånd. Søk Ham, og du skal oppnå fullkommen seier. Du vil smile til verden med et smil fra ditt indre, som viser at du har funnet noe langt større enn materielle rikdommer.

VIRKELIG SUKSESS:
Å GJØRE DITT LIV TIL EN ÆRE OG
EN GLEDE FOR DEG SELV OG ANDRE

Svært få personer forstår bevissthetsutvidelsen som utgjør virkelig suksess. Du har kommet inn i denne verden uten å vite hvilke vidunderlige evner du har; de fleste lever uten å prøve vitenskapelig å utvikle deres potensiale. Som følge av dette blir livet på denne planeten mer eller mindre usikkert. Men istedenfor å leve en ukontrollert eksistens, drevet omkring av vindkastene fra en tilsynelatende lunefull skjebne, kan du leve en kontrollert tilværelse hvor du kan planlegge ditt liv og få det til å gi avkastningen det burde gi: En utvidelse av bevisstheten som utfolder seg gjennom allsidig utvikling av det guddommelige potensial i deg.

Suksess er når du har utvidet din bevissthet slik at ditt liv er en ære og en glede for deg selv og andre. Suksess er ikke noe som kan oppnås på bekostning av andre. Ved reiser med bil har du nok opplevd at det alltid finnes noen «bilbøller» – de som kjører for sakte og ikke vil la noen passere. På livets motorvei finnes det enkelte «bilbøller». De er gjenstridige i deres selviske væremåte; de verken utvikler seg selv eller gir andre en sjanse til å utvikle seg. Et eksempel av denne art er gjerrige personer som hamstrer deres rikdom istedenfor å bruke den til å skape muligheter og velferd for andre. Blant alle menneskets svakheter er selviskhet en av de verste demoner. Gjennom sjelens storsinnede ånd, burde den bli beseiret.

Istedenfor å være en innsnevring mot egeninteresse, vil virkelig suksess vokse gjennom tjenestevillig utfoldelse. Blomsten utvider sin sfære av nytteverdi gjennom dens vellukt og skjønnhet, selv om den er festet til en stengel. Noen blomster sprer deres vellukt en kort distanse; andre mangler vellukt, men når likevel ut med deres skjønnhet for å glede oss. Trærne gir av deres vekst ved å sørge for en sval skygge og lekre frukter, og omdanner overflødig karbondioksid til oksygen som vi kan puste. Den fjerne solen, som ser så liten ut på himmelen, sender stråler utover dens sfære for å gi oss lys og varme. Stjernene deler gleden av deres juvelaktige glans med oss. Alle Guds uttrykk i naturen sender ut en vibrasjon som gagner verden på en eller annen måte. Du er Hans høyeste skapning; hva gjør du for å nå utover deg selv? Din sjel er en ledestjerne med uendelige krefter. Du kan la denne kraften vokse fra ditt indre og gi lys og helse og forståelse til andre.

Noen personer jeg har møtt, har overhodet ikke forandret seg gjennom årene. De forblir alltid de samme, som fossiler. Forskjellen mellom en fossil og en plante er at fossilen er den samme nå som den var millioner av år siden, mens planten fortsetter å vokse. Du vil helst være et levende frø. Straks det er lagt ned i jorden, begynner det å presse seg oppover og trekke til seg sollys og luft. Deretter skyter det ut grener og blir omsider til et robust tre som kler seg med blomster. Dette er hva mennesket er ment til å være: en voksende åndelig plante og ikke et forsteinet treverk.

Du har kapasitet til å skyte ut blomstrende grener av styrke og suksess overalt rundt deg, slik at inspirasjonen fra ditt liv kan spre dens innflytelse gjennom hele kosmos. Henry Ford var kun ett lite menneske som begynte sitt arbeid i en liten garasje, men gjennom sitt skapende initiativ gjorde han seg bemerket over hele verden. Det samme gjelder George Eastman, som oppfant Kodak. Det finnes et sted i himmelen for suksessrike mennesker – og de gledes over denne himmel. Jeg snakker om det jeg vet fra min egen erfaring. Ethvert stort menneske som har gjort noe ut av seg selv i denne verden ved å anvende de Gudlignende evner i sjelen, høster anerkjennelse i himmelen.

AKTIVER DEN GUDDOMMELIGE LOV
FOR UTVIKLING OG SUKSESS

Denne skapelsen styres ikke av blinde krefter. Den holdes i gang i overensstemmelse med en intelligent plan. Hvis Gud skapte sult uten å tenke på å skape føde for å tilfredsstille sulten, hvor hadde vi da vært? Det er urimelig å anta at denne verden kun er et tilfeldig resultat av ulike kombinasjoner av atomer, uten en styrende intelligens bak disse atomer. Tvert imot er det innlysende at det er lov og orden i universet. Ditt liv, og alt liv, er styrt med matematisk presisjon av Guds intelligent utformede kosmiske lover. Gjennom den guddommelige lov om handling eller karma, årsak og virkning, blir alt du foretar deg lagret i din sjel. I samsvar med omfanget av ditt arbeid vil derfor hva enn du oppnår gjennom viljestyrke og kreativitet, være din nøkkel etter døden til de himmelske regioner som pliktoppfyllende sjeler har gjort seg fortjent til. Og når du gjenfødes i denne verden, vil du bli født med de mentale evner som ble utviklet gjennom dine tidligere anstrengelser.

Sett at man i dette livet er født med et sykelig legeme og knapphet på materielle goder og fordeler, men at man likevel forsøker inntil døden å gjøre alt etter beste evne. Å nekte å akseptere nederlag genererer en dynamisk vilje som vil tiltrekke seg helse, hjelpsomme venner, velstand og så videre i ens neste inkarnasjon. Eller sett at man tar beslutningen: «Jeg vil gjøre noe storsinnet for å hjelpe menneskeheten», men dør før man får mulighet til å gjennomføre dette edle foretagende. Når man kommer tilbake, vil denne faste beslutningen overføres til ens nye liv, sammen med de mentale evner som er nødvendige for å nå dette mål. Alle såkalte «nedarvede» fordeler og «heldige» muligheter i livet er ikke tilfeldige lykketreff, men det lovmessige resultat av årsaker som er satt i bevegelse av ens egne handlinger en eller annen gang i fortiden. Derfor må du begynne å utrette noe nå for å sikre din fremtidige suksess.

For å iverksette denne handlingens lov må du være aktiv. Bruk dine evner fremfor å stivne i inaktivitet. Det er så mange mennesker som er late og mangler ambisjoner, som utfører et absolutt minimum av arbeid for på en eller annen måte å leve og spise til de dør. Et slikt latmannsliv er neppe verdig å kalles liv. Å være i live betyr å brenne for en oppgave, å gå fremover med uredd besluttsomhet mot et mål. Du må være aktiv med entusiasme, gjøre noe ut av deg selv, og gi noe verdifullt til verden. Det er fordi min Mester [Swami Sri Yukteswar] styrket min overbevisning om at jeg kunne bli til noe, at jeg gjorde anstrengelser for å lykkes, tross alle de krefter som prøvde å stoppe meg.

Mange individer tenker store ting, men iverkset-
ter dem ikke. Det er imidlertid handling som skaper
storhet. Med mindre du virkelig oppnår noe, er du
ikke suksessrik. Det er ikke nok bare å tenke suk-
sess eller tenke ideer; de må settes ut i livet. Å tenke
at du er dydig, gjør deg ikke dydig. Å tenke suksess,
gjør deg ikke suksessrik. Du kan kanskje si: «Jeg er
en beundringsverdig åndelig person»; men bare
hvis du oppfører deg åndelig er du åndelig. All
handling starter med tanken, som er handling på
bevissthetsplanet. For å kunne manifestere seg må
tankene bli ladet med dynamisk vilje gjennom kon-
sentrasjon og utholdenhet for å vekke sinnets urok-
kelige kraft. Derfor er det å tenke storhet første
trinn, men deretter må du understøtte ideen med
viljestyrke og sette i gang de korresponderende
handlingsprinsipper. «Ved å forstå dette har de vise,
som fra tidenes morgen har søkt etter frigjøring,
utført pliktoppfyllende handlinger. Handle derfor
også du pliktoppfyllende, akkurat som de vise fra
forgangne tider.»[3]

[3] *God Talks With Arjuna: The Bhagavad Gita* IV:15.

Å OVERVINNE HINDRINGER RUNDT DEG
OG I DITT INDRE

Hver gang du forsøker å utvikle deg i denne verden av relativiteter – lys og mørke, godt og ondt – er det uunngåelig at du støter på fiender. Følgende gjelder alle bestrebelser: Straks du prøver å oppnå noe, vil det dukke opp motstand. Så snart en plante prøver å komme ut av frøet, møter den først motstand fra jorden, deretter vil innsekter angripe den, og til sist er den nødt til å kjempe mot ugress som konkurrerer om dens føde og vann. Planten trenger hjelp fra gartneren. Det samme gjelder mennesker. Hvis du på grunn av uheldige omstendigheter eller indre svakheter ikke har styrke til å drive frem grener av suksess på ditt livs tre, trenger du bistand fra en lærer, eller guru, som kan hjelpe deg å utvikle styrken i ditt sinn. Guruen lærer deg kunsten å meditere, å brenne ugresset av begrensende vaner og dårlig karma som prøver å kvele ditt jordsmonn. Du må stå imot disse fiender; du må vedbli med å forsøke. Uten kamp kan du ikke oppnå noe som helst. Men heller ikke bør du med overlegg skade noen med hensynsløse metoder for å få viljen din. Sinnets og viljens åndelige evner bruker du til å overvinne de hindrende krefter og omstendigheter rundt deg, samt de selvforskyldte begrensninger i ditt indre. Da kan du bli det du ønsker å bli, og oppnå det du ønsker å oppnå.

Husk at du har evnen til å være sterk. Like bak din bevissthet er Guds allmakt. Men istedenfor å anvende denne guddommelige styrken, har du bygget en tykk mur mellom deg og Hans styrke. Din konsentrasjon er alltid rettet mot det ytre, som er avhengig av det materielle legeme og verden, istedenfor å være rettet mot den Guddommelige Beboer i ditt indre.[4] Dette er årsaken til at du tror du har begrensninger.

Å STYRKE SINNETS
SUKSESS-SKAPENDE EVNE

Hva er så fremgangsmåten for ekspansjon, for utvikling? Det er å søke i ditt indre, å frigjøre dine indre krefter. Hver og en av dere kan gjøre det. Begynn i dag. Sinnet er det viktigste; det er Guds instrument som alt blir skapt gjennom. Det er høyst fleksibelt; det vil skape i tråd med ethvert tankemønster. Sinnet skaper helse og åndelighet, sykdom

---

[4] «Vi er jo den levende Guds tempel, som Gud har sagt: Jeg vil bo i dem, og vandre i dem; og jeg vil være deres Gud, og de skal være mitt folk» (Paulus' andre brev til korinterne 6:16).

og uvitenhet. Hva er sykdom annet enn tanken på sykdom? Hva er uvitenhet annet enn tanken på uvitenhet? Hva er fiasko annet enn tanken på fiasko? Jeg har observert folk i alle yrkesgrupper, og har oppdaget at de som ikke lykkes er de som ikke kultiverer sinnets kraft.

Å forsøke å oppnå suksess innen enhver verdifull virksomhet betyr å øke ditt sinns styrke. Når din sinnskraft utvikler seg, utvikles samtidig din magnetisme – den attraktive kraft utviklet i ditt indre som tiltrekker seg situasjoner og mennesker som fremmer suksess. Verdifulle relasjoner er viktige for deg. Du ønsker ikke fortrinnene med suksess uten venner (det være seg kjære innen familien eller støttende bekjente) som vil verdsette og hjelpe deg, og som du kan dele din glede med. Den høye kvalitet av ditt sinns styrke og magnetisme vil tiltrekke seg de venner som bidrar til det som gir ditt liv mening. Gjør ditt for å skape varige vennskap ved å være en sann venn. Prøv å forbedre din egen personlighet. Herren har skapt deg som noe unikt. Ingen andre har noe som helt ligner det du har. Du har et ansikt og et sinn som ingen andre har. Du burde være stolt av deg selv og ikke henfalle til misunnelse og selvmedlidenhet. Vær en likefrem person, vær fryktløs, vær ærlig, vær vennlig, medfølende, forståelsesfull og interessert i andre uten å være påtrengende nysgjerrig. De tause vibrasjoner fra din sinnskraft og magnetisme vil bære vitne om dine ypperlige kvaliteter.

BRYT UT AV DINE
BEGRENSNINGERS KAMMERS

Tendensen er å tenke: «Jeg er hva jeg er. Jeg kan ikke være noe annet.» Tro på dette og du er dømt til å forbli slik! Hvis du tenker: «Jeg har kun så mye talent og kan ikke mer», kan du være sikker på å forbli akkurat der du befinner deg. Du glemmer at du i din ungdom var full av ambisjoner, glødende overbevist om at du kunne «erobre verden.» Men gradvis omringet verden deg; du ble fanget av fiender som pessimisme, apati og negative, forutfattede meninger som hindret både deg og dine evner til å utrette noe. Forbli ikke i dette kammers resten av ditt liv.

Det finnes en måte å bryte seg løs på. For en liten nasjon som er omringet av fiender, er det vanskelig å oppnå uavhengighet eller å kunne utvide sitt territorium; men det er fordi hindringene er på det ytre plan. For å oppnå mental og åndelig uavhengighet er det ikke et spørsmål om ytre hindringer. Den begrensende hindring er deg selv og de dårlige vaner du har skapt. Du fokuserer på dine begrensninger og de mentale innhegninger du har dyrket frem. Gjennom din egen forordning har du sperret deg inne og hindret din utvikling. Men uansett hvilke begrensninger du har skapt, kan du omgjøre og tilintetgjøre dem, forutsatt at du gjør det på den rette måten.

Det alminnelige menneskets bevissthet er som et lite hus; dét er dets kongerike. Kanskje skuer det litt utenfor, men har ikke noe ønske om å utvide. Og enkelte mennesker er mentalt og åndelig innestengt i et ørlite rom hvor deres ambisjoner er lukket inne i en dogmatisk overbevisning om alminnelighet. Disse «zombier» mangler enhver tro på muligheten av å erobre nytt territorium.

Er dere klar over at hver og en av dere er potensielt en åndelig gigant, et åndelig motstykke til den mektige Djengis Khan, som historisk sett var en av de mest suksessrike erobrere. Jordisk erobring er selvfølgelig ikke særlig prisverdig hvis den i sitt kjølvann volder blodsutgytelse og lidelse. Man kan vinne jordisk makt og herske over et frodig kongerike, men fremdeles være slave av lidelse og frykt. Å være en erobrer av selvet er å være virkelig seirende – å erobre din avgrensede bevissthet og utvide dine åndelige evner uten ende. Du kan nå så langt du ønsker, forbi alle begrensninger, og leve et ytterst seierrikt liv.

Bryt ut av uvitenhetens mentale celle som holder deg innesperret. Tenk nytt. Nekt å la deg begrense av tanker om svakhet eller alder. Hvem fortalte deg at du er gammel? Du er ikke gammel. Du, sjelen, er evig ung. Innprent denne tanken i din bevissthet: «Jeg er sjelen, en gjenspeiling av den evigunge Ånd. Jeg strutter av ungdommelighet, av ambisjon, av evnen til å lykkes.» Dine tanker kan begrense deg eller de kan frigjøre deg. Du er din verste fiende, og du er din beste venn. Du har all styrke til å oppnå det du ønsker, hvis du motiverer deg selv, hvis du fjerner de mentale floker som blokkerer overbevisningens flyt.

MOTGIFT MOT
«KAN-IKKE-BEVISSTHET»

Jeg har møtt mennesker som tross dårlig helse har besluttet å oppnå noe. Deres sykelige legeme forsøkte alltid å avlede deres fokus, men de overvant denne fysiske barriere og fortsatte ufortrødent videre idet de virkeliggjorde deres mål gjennom ren og skjær sinnskraft. Og jeg har møtt andre med strålende helse, men med minimal forstand. Uansett hvordan du prøver å overbevise dem, sier de: «Jeg kan ikke gjøre det.» De blir stanset av den mentale barriere av å føle seg utilstrekkelig. Og noen mennesker har både god helse og intelligens, men lykkes ikke da de har åndelige barrierer av dårlige vaner. Enten det skriver seg fra fysiske, mentale eller åndelige årsaker, starter nederlaget med erklæringen: «Jeg kan ikke gjøre det.» Slik er sinnets kraft og ordenes vibratoriske styrke. Når du sier til deg selv: «Jeg kan ikke gjøre det», kan ingen i hele verden omgjøre denne dommen. Du må tilintetgjøre denne lammende fiende: «Jeg kan ikke.»

Det finnes en motgift mot «kan-ikke-bevisstheten», nemlig affirmasjonen «jeg kan!» Fremstill denne motgiften med ditt sinn og forvalt den med din vilje.

Den ledsagende hindring må også bli overvunnet: «Jeg kan gjøre det, men jeg *vil ikke* gjøre det.» Mange mennesker nærer denne tenkemåten da det er mye lettere å sitte stille og ikke gjøre noe. Den største synd mot din utvikling og suksess er å være mentalt lat. Fysisk latskap er noen ganger mulig å unnskylde når du har arbeidet hardt og legemet ønsker å hvile. Men mental latskap lar seg overhodet ikke unnskylde; den lammer ditt sinn. Hvis du gir slipp på «vil ikke»-latskap, hvis du bestemmer deg for at «jeg kan gjøre det, og jeg må gjøre det, og jeg vil gjøre det», vil suksess med sikkerhet bli virkelig.

Forvis alle negative tanker. Overvinn ideen om at det er noe du ikke kan gjøre, ganske enkelt ved å begynne å gjøre det. Og fortsett så å gjøre det regelmessig. Ytre forhold vil prøve å motarbeide deg for å få deg til å bli motløs og nok en gang si: «Jeg kan ikke gjøre det.» Hvis det finnes en djevel, så heter denne djevelen «jeg kan ikke gjøre det.» Dette er den satan som har brutt forbindelsen til din dynamo av evig styrke; det er hovedgrunnen til at du ikke lykkes i livet. Kast denne demonen ut av din bevissthet gjennom din urokkelige overbevisning: «Jeg *kan* gjøre det.» Du må mene det og stadfeste det så ofte du kan. Tro det, og styrk denne troen ved å handle ut fra den med viljestyrke. Arbeid! Og mens du arbeider, gi aldri opp tanken: «Jeg kan gjøre det.» Selv om det skulle være tusen hindringer, gi ikke etter. Hvis du nærer denne besluttsomheten, vil det du prøver å oppnå uvegerlig skje; og når det gjør det, vil du si: «Vel, det var jo så lett!»

Hvorfor skulle du gi etter for uvirksomhet og leve i et skall av uvitenhet? Er det ikke bedre å sprenge dette skallet av «kan ikke» og gå ut i den frie luft av «jeg kan»? Da vil du vite at sinnet er all-mektig; alt sinnet kan forestille seg, kan bli til virke-lighet. Det finnes ingen hindring unntatt din «kan ikke»-bevissthet. Se hvor strålende denne ekspan-sjonens vei jeg viser deg er. Ordene, «jeg kan, jeg må, og jeg vil» – dét er måten du kan forandre deg på og oppnå fullkommen seier.

GUD HAR GITT DEG MENTAL DYNAMITT

Du vil aldri kunne vinne med mindre du gjør et alvorlig forsøk. Gud har gitt deg tilstrekkelig med mental dynamitt til å tilintetgjøre alle dine vanske-ligheter. Husk det. Det er den mest effektive kraft du kan bruke for å bli seirende i livet, for å løsrive deg fra begrensende svakheter og vaner til en alt-oppnående utvidelse av din bevissthet. Ønsker du å forbli en vandrende død, rede til å bli begravet under ruinene av dine feil? Nei! Gjør noe i denne verden – gjør noe usedvanlig! Hva enn du gjør vil bli anerkjent av Gud. Og selv om verden unnlater å anerkjenne deg, vil denne opplagrede mentale styrken forbli hos din sjel dersom du har gjort ditt beste. Hvor enn du drar – i dette livet eller hinsides – vil du ha med deg denne uovervinnelige holdning. Slik var det Herren Krishna oppfordret krigerprinsen Arjuna: «O Fienders Sønderknuser, forsak denne lille avmakt. Reis deg!»[5]

Jeg har brukt denne sinnets styrke gjennom hele mitt liv, og jeg har erfart at den virker. Når du konfronteres med dårlig helse og nederlag, burde også du meditere dypt og mentalt affirmere: «Allmektige Fader, jeg er Ditt barn. Jeg vil bruke min nedarvede guddommelige sinnskraft og min viljestyrke til å knuse nederlagets årsaker.» Samle sammen disse mentale krefter om kvelden, når verdens distraksjoner trekker seg tilbake og ditt sinn er ytterst fokusert og gjenoppladet under meditasjon, bønn og samhørighet med Gud.

Hva mer skal jeg fortelle dere? Disse tankene er praktiske; de virker. Og hvis du bestemmer deg for å bruke dem, og setter i gang, da *vil* de virke. Du kan tilintetgjøre dine vanskeligheter; du kan rive ned forsvarsmurene av uvitenhet som har omsluttet deg i inkarnasjoner. Du vil forstå at som et udødelig

[5] *God Talks With Arjuna: The Bhagavad Gita* II:3.

Guds barn kan ikke døden drepe deg, heller ikke kan fødsel i dette legemsburet helt og holdent undertrykke den oversanselige kraften i deg.[6] Med sjelen må du frigjøre sjelen, slik at du, uansett hvor du er, har de uimotståelige sinnets krefter og viljestyrke til rådighet for å kunne beseire enhver hindring på din vei!

MATERIELLE OPPNÅELSER ER IKKE DET SAMME SOM VIRKELIG SUKSESS

Spør deg selv hva formålet med ditt liv er. Du er blitt skapt i Guds bilde; dét er ditt virkelige Selv. Å erkjenne Guds bilde inne i deg er den største suksess – uendelig glede, oppfyllelsen av ethvert ønske, seier over alle legemets vanskeligheter og verdens inntrengen.

Menneskelivet er en stadig konfrontasjon med problemer. Alle møter ulike problemer: Femten hundre millioner mennesker vil ha femten hundre

---

[6] «Intet våpen kan gjennombore sjelen; ingen ild kan brenne den; intet vann kan fukte den; ei heller kan noen vind tørke den. Sjelen er udelelig; den kan ikke bli brent eller fuktet eller uttørket. Sjelen er uforanderlig, alt-gjennomtrengende, alltid rolig og urokkelig – evig den samme.» *(God Talks With Arjuna: The Bhagavad Gita* II:23-24).

millioner ulike problemer å strides med hver dag. Noen har hjerteproblemer, noen har forkjølelse; noen har for mange penger, noen har ingen; noen har sinne, noen har en apatisk likegyldighet; men hvem har lykke? Den virkelige målestokk på suksess er lykke: Uansett hvilken posisjon du har i livet, er du lykkelig?

Den alminnelige oppfatning av suksess er å ha rikdom og venner og vakre eiendeler – det såkalte «gode liv». Men materielle oppnåelser er ikke nødvendigvis det samme som virkelig suksess da ting og omstendigheter er underlagt forandring. I dag har du kanskje; i morgen har du kanskje ikke. Tro derfor ikke at du kan betrakte deg selv som vellykket bare ved å bli millionær.

Du må kanskje arbeide hardt for å høste suksess i forretningslivet, men før du aner det er ditt liv blitt ubalansert, uten frihet til å nyte det du ønsker å gjøre, og gir deg slik bekymring og nervøsitet at din helse bryter sammen. Plutselig betyr all din suksess ingenting og du føler at du har kastet bort ditt liv. Eller du kan utvikle et sunt legeme gjennom systematisk innsats og likevel være så fattig at du blir ulykkelig av ikke å være i stand til å tilfredsstille dets behov. Du kan sågar ha både helse og penger, men fortsatt føle at den indre virkeliggjøring har gått deg forbi. Å kun ta seg av legemet og egoet vil aldri tilfredsstille sjelen. Du kan ha alt og likevel oppdage at det i siste omgang ikke er verdt noe i det hele tatt, da du ikke er lykkelig. Med mindre det er lykke i hjertet, har du ingen suksess.

Likevel vil svært få kunne være lykkelige uten et nødvendig forråd av penger og god helse. De fleste mennesker må ha noe å være lykkelig over; deres lykke er betinget av ytre omstendigheter da sinnet ikke har blitt opplært i å være ubetinget lykkelig i det indre. Du tror du ville bli lykkelig hvis du bare kunne skaffe deg alle de tingene du føler du trenger for å bli lykkelig. Men begjær avler begjær; og tilfredshet vil aldri bli deg til del hvis du fortsetter å øke dine behov. Før du kjøper noe, tror du at du ikke kan være det foruten; men så snart du eier det, tenker du sjelden på det fordi du begynner å hige etter noe bedre. Uansett hvor ofte du opplever dette, vil du – når du er grepet av impulsen til å kjøpe noe nytt – føle at du nok engang må ha det og at du ikke vil bli lykkelig før du kjøper det. Suksess beror på å lære seg kunsten av indre tilfredshet: Skaff deg det du behøver, og vær tilfreds med hva du har.

BLI IKKE TRELLBUNDET AV
FRISTELSEN Å LEVE OVER EVNE

Enkelte mennesker er inngrodde impulskjøpere av ting de ikke behøver. De sløser bort sine penger. Kom inn i vanen med å lete grundig og kjøpe klokt. Hvis du har penger til overs, legg dem til side; ikke lytt til «haiene» som alltid frister deg til å gi fra deg dine inntekter mot en eller annen ny «må ha»-greie eller «sikker» investering. Hver gang noen narrer deg med veltalende forslag, husk historien om reven og kråken. Kråken hadde en søtsak i munnen og reven ville ha denne godbiten. Den listige reven sa: «Vær så snill og syng for meg, Herr Kråke; du har slik en vakker sangstemme.» Kråken ble smigret og begynte å synge; men straks den åpnet munnen, falt søtsaken ned. Den utspekulerte reven plukket den opp og løp sin vei. Vokt deg for de som psykologiserer deg; de vil ha noe av deg. La deg aldri overtale av noens forsøk på å manipulere deg til å ønske noe som er uvesentlig for din virkelige lykke og suksess.

Gjør ditt liv enklere slik at du ikke er avhengig av for mange eiendeler. Å gi næring til ethvert av dine ønsker gjør deg uunngåelig ulykkelig. Jeg sammenligner den amerikanske sivilisasjon med den indiske:

Alle moderne fordeler jeg ønsket for India, for å lette hennes fattigdom og fysiske lidelser, finner jeg her. Men jeg opplever at de fleste såkalt suksessrike mennesker her er like ulykkelige med deres rikdom som de mindre heldigstilte i India er uten.

Vestens livsstil er så full av kompleksiteter; man har ingen tid til å glede seg over noe. Men hvis du gransker ditt liv, vil du oppdage at det er mange måter du kan forenkle det på, uten å føle deg dårlig stilt. Innse tåpeligheten av å begjære stadig flere luksusgjenstander, kjøpt på avbetaling. Legg av penger til det du behøver og betal kontant for disse nødvendighetene uten avbetalingsplaner med høye renter å bekymre seg for. Selvsagt er det en god ting å understøtte omsetningen til andre som er nødt til å selge sine varer for å tjene til livets opphold. Men bli ikke trellbundet av fristelsen til å leve over evne; for når du havner i knipe, vil alt være borte.

Legg til side noe fra hver lønning. Å leve uten kapital er en mangel som fører ulykke med seg. Da er det bedre å ha en mindre bil, et mindre hjem og noen oppsparte midler i banken til en nødsituasjon, som uunngåelig vil komme. Det er et alvorlig feiltrinn å bruke opp alt du tjener bare for å skaffe noe nytt eller luksuriøst. Jeg mener at ektepar burde hver for seg ha en liten reserve i banken, så vel som en felles sparekonto de kan sette sin lit til når et uventet behov melder seg.

Å spare er en kunst, og det krever oppofring. Men hvis du handler nøysomt, og lever enkelt, vil du bli i stand til å legge til side noe hver uke eller måned. Jeg ser så mange arbeidere som bruker penger på unødvendige ting, og følgelig havner de alltid i gjeld. Jeg husker et ektepar som hadde et vakkert hjem i Florida. Hver gang de så noe de likte, kjøpte de det straks på avbetaling. Men med tiden ble dette hjemmet ikke annet enn en skrek-kopplevelse i deres sinn. Jeg sa: «Disse tingene er ikke deres. Dere eier dem ikke. Dere har kun lånt dem på avbetaling. Hvorfor er dere redde for å miste dem? Hvorfor ikke leve enklere uten denne konstante bekymring som ødelegger all deres fred og glede?» På grunn av deres gjeld, mistet de til slutt alt. De måtte vende tilbake til det enkle liv og starte helt på nytt igjen.

Det er mulig å gledes over så mange gode og vakre ting i livet uten den fryktelige og nervøse depresjon som følger bekymringen om hvordan å betale for å eie dem. Svært mange ønsker kan bli tilfredsstilt på denne måten.

ANALYSER DINE ØNSKER
FØR DU GÅR TIL HANDLING

Et verdig ønske er lik en guddommelig hest som vil føre deg mot Guds rike fremfor å føre deg til mørkets dal. Analyser hvert ønske for å se hvorvidt det vil bidra til din åndelige velferd og forbedring. Alt som leder deg bort fra materiell trelldom til riket av sann lykke, er den rette type ønske. Hver motivasjon som bringer frem en blomst av Guds manifesterte kvaliteter og forståelse, er god. Hvis noen sårer deg og du tilgir, leder du deg selv til Guds rike. Hvis noen er kranglevorne og du viser forståelse, bringer du deg selv til Guds rike. Hvis noen lider og du imøtekommer dem med hjelp og medfølelse, beveger du deg inn i Guds nærvær.

Virkelig suksess beror på oppfyllelsen av et relevant ønske – ikke når du hårdnakket går til anskaffelser på bekostning av andres velferd. Rikdommer anskaffet på klanderverdige måter kan virke som en suksess ytre sett; men i ditt indre vil ikke sjelen falle til ro. Din samvittighet er som en sko: Når den ikke passer, vil den kanskje synes vakker ytre sett; men uansett hvor forsiktig du går, vet du nøyaktig hvor skoen trykker. Den som er skyldfri overfor sin samvittighet er også skyldfri overfor Gud. Bli ikke erklært skyldig av din samvittighet. Hvis din samvittighet er ren, kan du stå opp mot verdens oppfatning; uansett hvor tett mørket er omkring deg, vil du trenge gjennom det. Materielt ambisiøse mennesker følger deres lidenskap for suksess og bryr seg ikke med om den oppnås gjennom tvilsomme midler. Uansett hva de måtte oppnå, er de aldri virkelig vellykket da de aldri er lykkelige. Hvis du vil lykkes, gå frem på en hederlig måte.

Den sanne suksess oppnår de ting og oppfyller de ønsker som er nyttige – gunstige for ens fysiske, mentale og åndelige velferd. Straks du blir konfrontert med en eller annen indre trang, spør deg selv hvorvidt dette ønsket er nyttig eller ikke. Kjenn forskjellen mellom de motivasjoner som er bra for deg og de som ikke er det. Bruk fornuft og skjelneevne når du søker suksess i å oppfylle dine ønsker.

DEN SUKSESSRIKE PERSON KJENNETEGNES
VED Å HA SELVKONTROLL

Harmløse gleder er helt i orden; men de som skader ditt sinn og legeme bør unngås. Alt som trellbinder, er ikke bra for deg. Grunnlaget for vårt velvære og vår varige lykke ligger i selvkontroll, å være i stand til å gjøre det vi burde gjøre når vi burde gjøre det, og fullstendig unngå det vi ikke burde gjøre. Den suksessrike person kjennetegnes ved å ha selvkontroll og er ikke bundet av innfall og vaner. Å ha fullstendig kontroll er å spise når og hva du burde spise; og å unngå å spise når du ikke burde spise. Når du ønsker å omgås mennesker, vær helhjertet sammen med dem; og når du trenger tid for deg selv, vær for deg selv. Hvis du bruker din tid klokt på aktiviteter som er anstrengelsen verdt, vil du og ditt liv, som en forlengelse av deg selv, ha mening. Verdslige mennesker vil gjerne snylte på din tid; de ønsker å trekke deg mot deres nivå. Hvorfor slå seg til ro med ubrukelighet? Benytt tiden til introspeksjon for din selvutviklings skyld, til kreativ tenkning og dyp kontemplasjon, og du vil ha stor makt over deg selv.

Hvis mennesker vedblir med å besvære deg under dine stille stunder, eller hvis du trenger et pusterom fra disharmoni i hjemmet, dra til et fredelig sted og vær alene en stund, hvor du kan lytte til naturens dempede lyder og til Gud i ditt indre. All lykke du søker er inne i deg, i Guds bilde i ditt indre. Hvorfor slå deg til ro med falske imitasjoner av lykke i alkohol, filmer og sanselige nytelser? Dette er verdens veier. Sann lykke trenger ingen ekstra støtte. En klok dikter filosoferte: «Å eie ingenting, likevel å eie alt.»

FORBLI UBESEIRET I DITT INDRE GJENNOM
ALLE UTFORDRINGER OG PRØVELSER

Du kan lære å være lykkelig etter behag og å holde fast på denne lykken i ditt indre, uansett hva som skjer. Enkelte mennesker blir fullstendig knust av deres prøvelser; andre smiler videre tross deres vanskeligheter. De som forblir ubeseiret i deres indre er de virkelig suksessrike i livet. Hvis du kan oppøve eller tilvenne ditt sinn i den grad at du er tilfreds uansett hva du har eller ikke har, og hvis du kan tåle utfordringen av alle dine prøvelser og forbli rolig – dét er sann lykke. Sett at du lider av en fryktelig sykdom; når du sover er du lykkelig kvitt den. Bestem deg for å beholde denne mentale distansen hele tiden; bestem deg for å være lykkelig for enhver pris. Jesus lyktes slik med å kontrollere sitt sinn at han frivillig kunne utholde korsfestelse og til og med gjenopplive sitt legeme etter døden. Dét var en demonstrasjon på den høyeste suksess. Hans ubetingede glede i Gud er den type suksess alle engang vil oppnå. Den består i å ta ansvar for seg selv; når du, sjelen, er i stand til å være sjefen i ditt liv.

Fortell ditt sinn: «Jeg er sjefen; jeg er lykkelig nå, ikke i morgen – når alle 'hvis bare'-betingelser måtte være innfridd.» Hvis du kan beordre deg selv til å være lykkelig etter behag, vil Gud være med deg da Han er Kilden til alle små elver av fryd. Du kjenner ikke sinnets styrke. Hvis du er lykkelig, skaper det en positiv vibratorisk holdning som kan tiltrekke seg helse, penger og venner – alt du måtte søke. På motsatt vis, når du ikke er lykkelig, når du inntar en negativ holdning, er din vilje lammet. Suksess beror på å være i stand til å tiltrekke deg det du trenger gjennom en sterk, positiv og lykkelig vilje.

Analyser hvorvidt du har gjort deg selv til en suksess. Hvis du vanligvis er deprimert, er det fordi du ikke har gjort ditt liv til en suksess. Ting du har ønsket i årevis helt siden barndommen er kanskje fortsatt uoppfylt, og ditt forbitrede sinn kan ha antatt en hva-er-vitsen-holdning. Gjenoppliv dine meningsfulle mål med styrket vilje.

SUKSESS INNEBÆRER KREATIV STYRKE TIL Å OPPNÅ HVA DU BEHØVER

Suksess kan ikke måles ut fra hvor mye materiell velstand du besitter, men hvorvidt du er i stand til å skape hva du behøver etter behag. Tenk på denne styrken; den kommer fra det overbevisste sinn, sjelens uendelige kapasitet. Hvis du bruker denne styrken til å gjennomsyre din kreative evne, kan du overvinne enhver vanskelighet som hindrer din vei.

Sett at du trenger en bil og er i stand til å skaffe den (på riktig vis) – dét er suksess. Sett at du trenger et hus og er i stand til å erverve det – du er suksessrik. Sett at du ønsker den rette livsledsager å dele livet med, og du ber til Gud om å veilede deg og du møter vedkommende – det er suksess. Men hvordan oppnå styrken som fremmer denne form for suksess etter behag? Hvordan kontrollere forholdene som fremmer suksess i stedet for å bli kontrollert av din selvskapte årsak-virkning-skjebne? Svært få i verden utviser tilstrekkelig besluttsomhet og vilje til å kontrollere deres skjebne.

Vurder dine umiddelbare behov og be alltid til Gud om at du må ha kreativ styrke og vilje til å imøtekomme dem. Husk at mennesket ikke har oppfunnet noe; det simpelthen oppdager hva Gud allerede har skapt gjennom Sine ideer, og som Han har manifestert i den kausale tankeverden hvorfra alle ting i himmel og på jord er blitt til. Derfor: Hemmeligheten bak suksess er å bringe seg mer og mer i samklang med Gud.

TRE KREATIVE EVNER:
DET BEVISSTE, UNDERBEVISSTE
OG OVERBEVISSTE SINN

Du er gitt tre mektige evner av din Skaper – ditt bevisste sinn, underbevisste sinn og overbevisste sinn. Du bruker for det meste ditt bevisste sinn med dets sanseinntrykk og evne til å resonnere. Du er ikke like fortrolig med de to andre sinn, og deres potensial forblir derfor stort sett uutviklet.

Omgivelsene virker inn på bevisst innsats. I et samfunn kan noen opprette et fremgangsrikt firma og plutselig oppdager andre at dette feltet gir rike muligheter til å starte opp lignende, konkurrerende firmaer. Som resultat er noen dømt til å mislykkes. Man må iverksette all den evne av kritisk fornuft man har til rådighet for å vurdere mulige påvirkninger fra omgivelsene innen ens felt. Lite gjennomtenkte, raske beslutninger er en sikker oppskrift på nederlag, og en fornærmelse mot det bevisste sinns hjelpevillige ferdigheter.

Det finnes alltid muligheter for suksess. Øv opp ditt bevisste sinns evne til å lete etter muligheter – til å gjenkjenne de små åpninger som fører deg dit du vil, og til å gripe de muligheter som er i overensstemmelse med ditt mål.

Ved ethvert ærlig forsøk, bruk ditt bevisste sinn for å lykkes. Dette sinn har meget stor kapasitet – fornuft, skjelneevne, kreativ tankevirksomhet, viljestyrke og konsentrasjon. Let frem muligheter ved å være mer årvåken og gjør så ditt beste, konsentrert om dine oppgaver. Finn dine evner først og legg deg så i selen. Hva enn du måtte være interessert i, gi deg i kast med det; frøet av suksess drives best frem gjennom entusiastisk interesse.

La deg ikke føre vill av feilaktige innflytelser. Det bevisste sinn mister fort motet som følge av de begrensninger det blir påført av omgivelser og folks meninger. Min familie vurderte meg først som ubrukelig fordi jeg ikke søkte hva verden hadde å gi. Men jeg sto imot deres nedvurderende tanker. Så snart du aksepterer begrensningene i de ytre vilkår og fra alle som sier nei, vil din kreativitet og vilje til å lykkes bli lammet. Denne analysen vil gjelde for enhver som mislykkes i livet.

Å BRUKE DET UNDERBEVISSTE SINN
SOM HJELPEMIDDEL

Neste ledd i å ta styring over skjebnen er å benytte hjelpemiddelet i det underbevisste sinn; den mentale evnen bak det bevisste sinn. Dette er hukommelsens og vanens sinn. Det lagrer alle dine opplevelser og støper dine tanker og handlinger til vanemønstre. Alt du gjør med bevisst oppmerksomhet vil det underbevisste sinn lagre som et avtrykk i hjernen. Hvis du tenker at du er en fiasko, vil et avtrykk av fiasko feste seg i ditt underbevisste sinn. Denne forhåndsinnstilte konklusjonen er skjebnesvanger for suksessutvikling og er en betydelig årsak til at mennesker mislykkes. Uansett livsbetingelser, eller utfall av dine anstrengelser, har du ingen rett til å tenke fiasko og hypnotisere ditt sinn med denne overbevisningen.

Hva enn du ønsker å utrette – affirmer og tro at det er mulig å oppnå, til tross for bevis på det motsatte. Skap mønsteret av suksess i ditt underbevisste sinn og få det til å arbeide for deg. Sitt rolig og tenk dypt på ditt mål; konsentrer deg om hvordan å oppnå det. Når du er rolig, når dine rastløse tanker og «kan ikke»-tanker stilner, vil de nye overbevisninger i ditt underbevisste sinn kunne hjelpe deg. Idet du går dypt inn i tankeprosessen og begynner å tenke gjennom et problem, går du utover det bevisste sinns begrensninger og kan forsyne fornuftens bevisste prosesser med verdifull informasjon fra hukommelsen og underbevissthetens fantasirike kreativitet.

DET OVERBEVISSTE SINNS
ALLVITENDE EVNE

Bak det underbevisste sinn er det overbevisste sinn. Gudskraften i deg, evnen til ubegrenset kontroll, finnes i det overbevisste sinn. Dette sinn kan ikke påvirkes av fiasko, men det kan bli formørket av ideen om fiasko. Det overbevisste sinn er sjelens allvitende intuitive bevissthet. Dette sinn kan utnyttes gjennom dyp konsentrasjon og kontakt med sjelen i meditasjon.

Gjenta alltid for deg selv, uansett hva som måtte komme: «Jeg har evnen til å lykkes. Og selv om det bevisste sinn er innrettet etter mine omgivelser, har Herren gitt meg ubegrensede evner i det overbevisste sinn og det underbevisste sinn. Idet jeg begynner å kontrollere dem, vil jeg bli i stand til å kontrollere min skjebne.» Det henger ingen ulykke over din skjebne, unntatt mangelen på å nyttiggjøre evnene i ditt bevisste sinn, og de inngrodde dårlige vaner i ditt underbevisste sinn. Du må aldri miste motet; å miste motet er å godta nederlag – å gjøre nederlag til ditt varemerke. Hvis ditt bevisste sinn sier: «Jeg kan ikke gjøre det», vil det underbevisste sinn journalføre denne tanken om nederlag; og jo mer du tenker negativt, desto dypere driver du den ideen om nederlag inn i ditt underbevisste sinns bibliotek. Da er du ferdig – med mindre du på ny gjør en bevisst innsats for å kvitte deg med nederlagets seiglivede overbevisning, ved å iverksette positive tiltak for å tenke og handle med sikker vilje.

Når du tenker: «Jeg kan lykkes», tenk dette så dyptgripende at du driver bort enhver forestilling om nederlag. Om du ni ganger forsøker å lykkes uten hell, kan du fremdeles forsøke en tiende gang! Gi ikke opp; godta aldri nederlag.

PRAKTISK ANVENDELSE AV INTUISJON

Begynn ethvert foretagende med å be om Guds hjelp: «Herre, jeg skal gjøre mitt ytterste, men led meg til å gjøre det riktige og å unngå feilgrep.» Deretter må du bruke din intelligens og fornuft for å avgjøre hvordan å kunne oppnå det du ønsker. Ved hvert steg, be til Gud om veiledning; føl Hans betryggelse i den indre roens intuisjon. Dette er hva jeg gjør. Etter at jeg har tatt i bruk intelligensen i mitt bevisste sinn, bruker jeg min intuitive evne i tillegg til de andre evner i det underbevisste og overbevisste sinn; og jeg oppdager uten unntak at det kreative guddommelige lys kommer for å veilede meg.

Det vil alltid være usikkerhet forbundet med å stole kun på materielle fremgangsmåter for suksess. Men den intuitive fremgangsmåte for suksess er annerledes. Intuitiv oppfattelse kan aldri ta feil. Den kommer fra en indre sensitivitet, en følelse hvor du vet på forhånd om du kommer til å lykkes med å følge din valgte kurs.

Vitnesbyrdet fra sansene og det rasjonelle sinn kan fortelle deg én ting, mens vitnesbyrdet fra din intuisjon forteller deg noe annet. Du burde følge sansenes vitnesbyrd først; lær alt du kan omkring ditt mål og hvilke praktiske tiltak som er nødvendige for å oppnå dette. Om du investerer din kapital, starter en forretning eller forandrer yrke – etter at du har undersøkt, sammenlignet og brukt din intelligens til det ytterste – unngå å kaste deg hodekulls inn i det. Når din fornuft og undersøkelse peker mot én ting, mediter og be til Gud. I den indre stillhet, spør Herren om det er i orden å sette i gang. Hvis du ber dypt og oppriktig og finner ut at noe leder deg bort fra dette, gå ikke inn på det. Men hvis du får en uimotståelig positiv impuls, og du ber og ber og fortsetter å be, og denne impulsen bare vedvarer, sett da i gang. Din bønn om veiledning må være oppriktig slik at hva enn slags impuls du føler faktisk er fra Gud, og ikke kun er en forsterkning av ditt eget feilaktige ønske.

Dette er måten jeg har utviklet den praktiske anvendelsen av min intuisjon på. Før jeg starter ethvert tiltak, sitter jeg i meditativ stillhet på mitt rom og fortsetter å utvide denne evnen i mitt sinn. Så retter jeg mitt sinns konsentrerte lys mot det jeg ønsker å oppnå. Jeg vet da at mine tanker har virket; det jeg opplever i denne tilstanden må finne sted.

Vi er tross alt de mest kraftfulle mottaks- og kringkastingsstasjoner. De små legemlige hindringer betyr ingenting. Våre tanker er innflytelsesrike, skapende krefter som flyter i eteren, rede til å fullbyrde deres formål når de konsentrert og bevisst blir styrt. Men de fleste personer vet ikke hvordan de skal få tankene til å jobbe for deres eget beste. Deres sinn er fulle av støy. Konsentrasjon og meditasjon harmoniserer disse tankene og fokuserer dem mot å manifestere suksess.

UTVID DIN SUKSESS VED Å HJELPE ANDRE
TIL Å HJELPE SEG SELV

En selvisk agenda begrenser suksess. Du burde uttrykke din sjels universelle bevissthet. Du behøver ikke å arbeide kun gjennom ditt eget legemes hender og hjerne. Du kan gjøre din innflytelse i så stor grad bemerket at din godhet arbeider gjennom tusener av hender og hjerner. Du er opptatt av ditt lille legeme, av hvordan å gi det næring, klær og komfort. Jeg er opptatt av hvordan å forbedre livene til tusener av sjeler, av å være fremgangsrik i å gi mennesker deres egen drivkraft av styrke og visdom. Den tilfredsstillelse dette gir, kan ikke uttrykkes i ord.

Suksessen jeg har funnet gjennom å hjelpe andre til å hjelpe seg selv er en suksess som ingen kan ødelegge. Det har vært en fornøyelse å gjøre ting for Gud. Jeg har ingen ambisjoner på egne vegne, men jeg har sterke ambisjoner overfor Gud, og for å dele Ham med alle. Med mindre du ofrer noen av dine ønsker for andres ve og vel, kan du aldri bli en virkelig suksess. Hvis du inkluderer andres ve og vel i din egen innsats for å lykkes, er din sjanse for suksess større enn om du utelukkende tenker på deg selv. Og fremfor noe annet, tenk på Gud og be Ham veilede deg. Jeg ville hatt langt flere problemer under oppbyggingen av denne organisasjonen om jeg ikke hadde mottatt en indre, guddommelig veiledning, da hver og en som kom hit ønsket at jeg gjorde tingene på deres måte. Denne organisasjonen vil lykkes fordi jeg har fulgt Guds fremgangsmåte. Satan forsøker alltid å hindre gode gjerninger, men Gud viser veien til å overvinne alle onder.

DEN UOVERTRUFNE SUKSESS: Å VÆRE MED GUD HELE TIDEN

Vårt formål i livet er å forstå dette universets mening. Det er kun en Guds drøm, lik en film, som viser stor dramatikk eller komedie for så å være forbi og glemt. Slik er livet. Det virker så reelt og bestående, men om ikke lenge vil det være forbi. Alle dine problemer og kamper vil være glemt når du forlater denne verden til fordel for en bedre verden etter døden. Ta derfor ikke dette livet for alvorlig; se bak dette dramaet mot universets Mester – Forfatteren av denne drømmeforestillingen.

Mange sier: «Jeg vil aldri bli i stand til å erkjenne Gud.» Dette er den vanskeligste tanken å fjerne. Men idet du ber og ber og aldri lar deg hefte ved hvor mange ganger Gud unnlater å svare – hvis du

ber likevel, elsker Ham likevel, bare da vil du lyk-
kes. Selv eoner i søken etter Gud er ingenting sam-
menlignet med en evighet med Ham. Når du uav-
brutt og av hele ditt hjerte krever Gudserkjennelse,
vil du med sikkerhet motta Hans svar.

Sløs ikke med tiden. Veien til sann suksess er å
være med Gud hele tiden. Søk Ham først. Stagner
ikke; latskap er ikke lykke. Vær med Ham om kvel-
den. Og vær klar for å kjempe i verden når du våk-
ner om morgenen, med Ham ved din side. Med tro
på din evne til å lykkes, si: «Kom igjen, verden. Jeg
er rede!» Du vil kunne kontrollere din skjebne; én
etter én vil dine lenker falle bort. Du vil vite at du
ikke lenger er en fortapt vandrer på jorden, men at
du har gjenvunnet din arv som en Guds sønn.

Den eneste grunnen til at jeg er her med dere, er
for å vitne om hva Gud har gitt meg. Ved å finne
den Høyeste Kraft, fant jeg ut at tørsten etter alle
mine ønsker var slukket for alltid. Drøy ikke; følg
denne læren slik at du kan oppleve de vidunderlige
ting jeg har opplevd på denne veien. Den har ikke
bare gitt meg fullstendig harmoni i legeme og sinn,
men også tilfredshet og ubeskrivelig lykke, og Hans
uopphørlige veiledning. Du vil føle Hans nærvær i
den kjælende bris, du vil se Hans sprudlende alltid

nye glede i havet, Han vil varme deg i solskinnet. Han vil se på deg gjennom himmelhvelvingen, og himmellegemer som stjerner og månen og solen vil være vinduer til Hans nærvær. Fra Hans allestedsnærvær vil du se Hans milde øyne kikke på deg med kjærlighet.

Hver morgen, når du starter dagen, tenk ikke kun på å stå til tjeneste for egen velferd, men på hvor mange du kan hjelpe. [...] Hvis dere alle i like stor grad som jeg er interessert i sannheten, hvor sterk vil da ikke vår kraft være til å fordrive uvitenhet fra verden. Alt du gjør for å hjelpe andre i overensstemmelse med denne åndelige veien, vil bli husket av Faderen.

FØL ÅNDENS KRAFT STRØMME
GJENNOM DEG

Lukk øynene og vend konsentrasjonen innover. Føl en stor fred i ditt indre. Føl fred overalt rundt deg. Føl Åndens kraft strømme gjennom ditt sinns rolige portaler; føl Faderens fredfylte glød i ditt indre. Han skjuler Seg i hver tanke, i hver celle, i alt inne i deg. Føl Ham.

La oss be: «Himmelske Fader, jeg er ikke lenger omringet av 'jeg kan ikke'-hindringer. Jeg har i meg

Din mektige, eksplosive 'jeg kan'-kraft! Herre, vel-
sign meg så jeg utvikler denne kraften, slik at jeg
blir i stand til å ødelegge alle mine hindringer og
utvide mitt territorium utover min eksistens'
begrensninger, inntil jeg overvinner denne verdens
og Ditt kosmos' krefter ved å være ett med Deg.»

DEL II

Hvordan finne en vei til seier[1]

Denne jorden, som en gang syntes å være et slikt stort sted, ser jeg nå som en liten ball av atomer, roterende i verdensrommet, oppvarmet av solskinn, med gasser fra stjernetåker lekende rundt den – en liten ball av leire hvor ulike former for liv vokser. Guds Ord, Åndens Stemme – manifestasjonen av

---

[1] Utdrag fra en tale holdt 16. februar 1939. Talen i sin helhet finnes i *The Divine Romance* (Paramahansa Yoganandas *Samlede taler og artikler*, bind II), utgitt av Self-Realization Fellowship.

det Uendelige – er i alt.[2] De katastrofale omveltnin-
ger som finner sted på dette avgrensede himmelle-
gemet er forårsaket av menneskelig selviskhet – av
menneskenes disharmoni både seg imellom, samt
med den skjulte Ånd i mennesket og i hele skapel-
sen. Fordi menneskeheten ikke har lært leksen fra
disse katastrofer, vil jorden fortsette å gjennomgå
ødeleggende stormer, jordskjelv, oversvømmelser,
sykdommer og – verre enn disse – krigens mørke
skyer.

Det finnes en måte å overvinne denne verden på:
å overvinne naturen og overvinne livet med dets fat-
tigdom, sykdom, kriger og andre problemer. Vi må
lære oss denne veien til seier. [...] Verden marsjerer
videre i tilværelsens ville drama. I våre forsøk på å
stanse rasende stormer, later det til at vi ikke er mer
enn små maur som svømmer i havet. Men under-
vurder ikke din styrke. Den virkelige seier består i å
overvinne deg selv, slik Jesus Kristus gjorde. Hans

[2] Kosmisk Intelligent Vibrasjon, som gir form og liv til hele
skapelsen; også referert til som *Aum* eller Amen. Vedaenes *Aum* ble
til tibetanernes hellige ord *Hum*; muslimenes *Amin*; og egypternes,
grekernes, romernes, jødenes og de kristnes *Amen*. «I begynnelsen
var Ordet, og Ordet var hos Gud, og Ordet var Gud [...] Alt er
blitt til ved ham [Ordet eller *Aum*], og uten ham er ikke noe blitt til
av alt som er blitt til.» (Johannes 1:1,3).

seier over seg selv ga ham herredømme over hele naturen.

Vitenskapen nærmer seg herredømme over naturen og livet på en annen måte. Likevel mislykkes ofte vitenskapelige oppdagelsers innledende løfter i å frembringe noe varig. De fordelaktige virkninger merkes kun en stakket stund, så dukker det opp noe verre som truer menneskets lykke og velferd. Fullkommen seier vil ikke oppnås ved å benytte vitenskapelige metoder alene, da disse metodene behandler ytre ting – altså virkninger istedenfor deres subtile årsaker. Verden vil gå videre til tross for katastrofer, og vitenskapen vil stadig gjøre nye erobringer. Men alene åndelig vitenskap kan lære oss veien til fullkommen seier.

SINNET MÅ FORBLI UBESEIRET

Ifølge åndelig vitenskap er sinnets holdning alt. Det er fornuftig å få bukt med ekstrem varme ved hjelp av kunstig avkjølt luft, og likeledes ekstrem kulde ved hjelp av kunstig produsert varme. Tren imidlertid sinnet til å forbli nøytralt under alle forhold mens du forsøker å bekjempe ubehagene med ytre hjelpemidler. Sinnet er akkurat som et trekkpapir da det tar lett til seg fargen fra ethvert fargestoff du tilfører det. De fleste sinn trekker til seg fargen fra deres omgivelser. Men det finnes ingen unnskyldning for å la sinnet bli bekjempet av ytre omstendigheter. Hvis din mentale holdning kontinuerlig endrer seg under presset fra prøvelser, vil du tape livets kamp. Det er dette som skjer når noen med god helse og et godt sinn går ut i verden for å tjene til livets opphold, men som umiddelbart gir etter for fiasko straks noen få hindringer oppstår. Det er når du *godtar* fiasko at du *er* en fiasko. Det er ikke den som er hemmet av sykdom som er en fiasko, heller ikke den som uavlatelig forsøker til tross for gjentakende tilbakeslag, men det er den fysisk og mentalt late som er den virkelige fiasko. Den som nekter å tenke eller bruke sin fornuft, sin skjelneevne, sin vilje eller sin kreative energi, er allerede død.

Lær deg å anvende seierens psykologi. Noen mennesker fraråder: «Snakk overhodet ikke om nederlag.» Men dette alene vil ikke hjelpe. Analyser først ditt nederlag og dets årsaker, høst fordelene av erfaringen og forkast deretter alle tanker om det. Den som til tross for å ha mislykkes mange ganger likevel fortsetter å kjempe, ubeseiret i sitt indre, er en virkelig seirende person. Det spiller ingen rolle om verden måtte anse vedkommende som en fiasko; såfremt man ikke har gitt opp mentalt, vil man i Herrens øyne ikke være beseiret. Denne sannhet har jeg lært gjennom min kontakt med Ånden.

Du sammenligner alltid din skjebne med andres. Noen er mer årvåkne og suksessrike enn du er; derfor er du ulykkelig. Dette er den menneskelige naturs paradoks. Beklag deg ikke over din skjebne. Det øyeblikk du med misunnelse sammenligner hva du selv har med hva en annen har, bekjemper du deg selv. Om du bare hadde kjennskap til andres sinn, ville du ikke ønske å være noen annen enn den du er!

Vi burde ikke misunne noen. La andre misunne oss. Hva vi er, er ingen andre. Vær stolt over hva du har og hva du er. Ingen andre har en personlighet lik din. Ingen andre har et ansikt likt ditt. Ingen andre har en sjel lik din. Du er en unik Guds skapning. Hvor stolt burde du ikke være!

Yogavitenskapen om hvordan å fjerne uriktige tanker

Å hevde at det ikke finnes ondskap er urealistisk. Vi kan ikke unnslippe ondskapen ved å ignorere den. Hva er ondskap? Alt som forhindrer

Gudserkjennelse. Gud er klar over alle våre urik-
tige tanker og gjerninger, og problemene vi står i.
Hvis Han ikke vet at ondskap finnes, må Han være
en svært uvitende Gud! Altså eksisterer både godt
og ondt, det positive og det negative, i denne ver-
den. I deres forsøk på å holde bevisstheten positiv,
blir mange mennesker urimelig redde for negative
tanker. Det er fåfengt å benekte at negative tanker
eksisterer, men heller ikke burde du frykte dem.
Bruk din dømmekraft til å analysere uriktige tan-
ker, for så å kaste dem.

Straks giften av en negativ tanke finner feste i
egoet[3], er den svært vanskelig å kvitte seg med. Det
går en historie om en mann som forsøkte å drive en
ond ånd ut av en kvinne. Han kastet sennepsfrø på
henne, noe som formodentlig skulle drive ånden ut.
Men den onde ånden bare lo: «Jeg gikk inn i senne-
psfrøet før du kastet det slik at det ikke virker på
meg.» På tilsvarende måte virker ikke lenger sin-
nets kraft når giften fra negative tanker fullstendig
har gjennomsyret ditt sinn. De negative tankers
«onde ånd» trenger inn i «sennepsfrøet» av din

[3] Menneskelig bevissthet, identifisert med legemet og følgelig med
jordiske begrensninger. Sjelens guddommelige bevissthet
identifiserer seg med Gud og er uimottagelig for negativ innflytelse.

mentale kraft. Følgelig – hvis du har vært syk i en måned, er du tilbøyelig til å tro at du alltid vil være syk. Hvordan kan den ene måneden med sykdom veie tyngre enn det faktum at du har kunnet glede deg over god helse i mange år? Å resonnere slik er ikke rettferdig overfor ditt sinn.

Dyptpløyende metafysikere trenger inn i sjelens bevissthet, og med dens guddommelige kraft driver de ut alle spor av ondskap fra deres liv. Dette er den yogiske fremgangsmåte for å tilintetgjøre alle hindringer for sjelens forening med Gud; den er ikke innbilt, men vitenskapelig. Yoga er den høyeste vei til Gud. Gjennom yoga forlater du alle negative tanker og erkjenner de høyeste bevissthetstilstander. Yoga er den åndelige forskers vei. Den er tvers igjennom vitenskapelig, en komplett vitenskap. Yoga lærer deg hvordan du kan se deg selv ærlig i øynene og finne ut hva du er, for så – med all din sjels styrke – å tilintetgjøre ondskapen i deg. Du kan ikke bare fornekte ondskapen bort. Uansett hvor mye utholdenhet som kreves, mister den åndelige forsker aldri motet. Denne vet at det ikke finnes noen problemer store nok til å overmanne styrken Herren har gitt ham eller henne.

ANALYSER DEG SELV ÆRLIG
SLIK AT DU KAN FORBEDRE DEG

Lær å analysere deg selv, ved å se både det nega-
tive og det positive: Hvordan ble du den du er? Hva
er dine gode og dårlige sider, og hvordan fikk du
disse? Sett deg deretter fore å tilintetgjøre den dår-
lige avling. Fjern ugresset av onde karaktertrekk
fra din sjel og så flere frø av åndelige kvaliteter, for
å forøke den gode grødens avling. Når du blir klar
over dine svakheter og på vitenskapelig vis fjerner
dem, blir du sterkere. Derfor må du ikke tillate deg
selv å bli motløs av dine ufullkommenheter; å gjøre
det er å vedkjenne deg selv som en fiasko. Du må
være i stand til å hjelpe deg selv gjennom konstruk-
tiv selvanalyse. De som ikke aktivt bruker deres
skjelneevne er blinde; sjelens iboende visdom har
da blitt formørket av uvitenhet. Dette er årsaken til
at mennesker lider.

Gud har gitt oss evnen til å fjerne uvitenhet og
avdekke vår iboende visdom, akkurat slik Han har
gitt oss evnen til å åpne våre øyelokk og oppfatte
lys. Analyser deg selv hver kveld, og før en mental
dagbok; vær rolig noen minutter nå og da i løpet av
dagen, og analyser hva du gjør og tenker. De som
ikke analyserer seg selv, forandrer seg aldri.

Ettersom de verken blir større eller mindre, stagnerer de. Dette er en farlig tilstand å leve i.

Du stagnerer når du lar ytre forhold overstyre ditt bedre vitende. Det er så altfor lett å forspille tiden og glemme Guds rike. Følgelig dveler du for mye ved ubetydelige ting, og har ingen tid til å tenke på Ham. Når du analyserer deg selv hver kveld, vær påpasselig med å unngå stagnasjon. Du kom ikke til verden for å miste deg selv, men for å finne ditt sanne Selv. Gud sendte deg hit som Hans soldat for å oppnå seier i ditt liv. Du er Hans barn, og den største synd er å glemme eller å utsette din største oppgave: å oppnå seier over ditt lille selv og gjenvinne din rettmessige plass i Guds rike.

Å OVERVINNE SELVET ER DEN STØRSTE SEIER

Jo større problemer du har, desto større sjanse har du til å vise Herren at du er en åndelig Napoleon eller en åndelig Djengis Khan – en erobrer av ditt selv. Det finnes så mange ufullkommenheter inne i oss som skal overvinnes! Den som blir mester over seg selv, er en virkelig erobrer. Du må streve etter å gjøre hva jeg gjør – å stadig seire inne i meg selv. Og i denne indre seier, oppdager jeg at hele verden står til min rådighet. Elementene, som virker så

gåtefulle, skriftene, som virker så motstridende, alt
blir klart og tydelig i Guds mektige lys. I dette Lyset
er alt forstått og mestret. Å oppnå denne Gudsvisdom
er den eneste hensikt med at du ble sendt hit; og om
du søker noe annet i stedet, kommer du til å straffe
deg selv. Finn ditt Selv og finn Gud. Og hva enn
livet krever av deg, gjennomfør det etter beste evne.
Gjennom god dømmekraft og riktig handling,
lær å overvinne enhver hindring og oppnå
selvherredømme.

Så lenge du betviler hvorvidt du vil vinne eller
tape dine kamper i livet, vil du fortsette å tape. Men
når du er beruset av Guds glede i ditt indre, blir du
mer positiv – og mer ydmyk. Gå ikke bakover, og
stå ikke stille. De fleste er enten stillestående eller
opptatt med tautrekking mellom deres gode og onde
tendenser. Hvilke vil vinne? Fristelsen er Satans
stemme som hvisker i ditt sinn. Satan forsøker alltid
å forkludre ting for deg. Å være rammet av svakhet
er ingen synd, men i det øyeblikk du gir opp forsø-
ket på å overvinne den, er du ferdig. Så lenge du
forsøker, så lenge du reiser deg opp når du faller, vil
du lykkes. Det er ikke seieren i seg selv som gir
glede, men styrken og tilfredsstillelsen som følger
det å overvinne en svakhet.

Studer helgeners liv. Det som er enkelt å gjøre er ikke Herrens vei. Det som er vanskelig å gjøre er Hans vei! Sankt Frans av Assisi hadde flere problemer enn du kan forestille deg, men han ga ikke opp. Én etter én, gjennom sinnets kraft, overvant han disse hindringene og ble ett med Universets Mester. Hvorfor skulle ikke du ha denne type beslutsomhet? Jeg tenker ofte at den mest syndige handling i livet er å godta nederlag, da du ved å gjøre det fornekter den suverene styrke i din sjel, Guds bilde i deg. Gi aldri opp.

Dyrk frem en forkjærlighet for de aktiviteter som vil hjelpe deg å oppnå større kontroll over deg selv. Virkelig seier er å fullføre dine gode forsetter tross alle vanskeligheter. La ingenting knekke din beslutsomhet. De fleste mennesker tenker: «La det være i dag; jeg skal prøve igjen i morgen.» Bedra ikke deg selv. Denne form for tenkning vil ikke føre til seier. Hvis du fatter en beslutning og aldri gir opp dine forsøk på å gjennomføre den, vil du lykkes. Sankt Teresa av Avila sa: «Helgener er syndere som aldri ga opp.» De som aldri gir seg, vil til slutt oppnå seier.

VÆR TRYGG I DIN MEDFØDTE GODHET

En dag vil du være borte fra denne verden. Noen vil gråte over deg, og noen vil kanskje si noen ord imot deg. Men husk at alle vonde tanker du har hatt, samt alle dine gode tanker, vil følge med deg. Din viktige oppgave er derfor å holde øye med deg selv, korrigere deg selv, gjøre ditt beste. Overse hva andre måtte si eller gjøre imot deg, så lenge du oppriktig forsøker å gjøre det rette. Jeg forsøker aldri å gjøre noen til fiende, og i mitt hjerte vet jeg at jeg har gjort mitt ytterste for å være vennlig mot alle. Men jeg bryr meg ikke om menneskers mening, verken lovprisning eller fordømmelse. Gud er med meg, og jeg er med Ham.

Dette er ikke ment som selvskryt, men jeg har erfart i min egen bevissthet den store glede av trygg forvissning i min sjel om at ingen kan provosere meg til å ta hevn. Jeg ville heller slå meg selv enn å være ondsinnet mot noen. Hvis du holder fast ved din beslutsomhet om å være vennlig, uansett hvordan folk måtte prøve å bringe deg ut av fatning, er du en seierherre. Tenk over det. Når du trues, og du forblir rolig og uredd, vit at du er seirende over ditt lille selv. Din fiende kan ikke rokke ved din holdning.

Jeg kunne ikke tenke meg å være uvennlig, selv ikke mot en dødelig fiende. Det ville gjort meg vondt. Jeg ser så mye uvennlighet i verden, og det finnes ingen unnskyldning for at jeg skulle legge til mer. Når du elsker Gud, og du ser Gud i hver sjel, kan du ikke være ondsinnet. Hvis noen oppfører seg støtende mot deg, tenk gjennom hvordan du best kan oppføre deg elskverdig mot vedkommende. Og hvis personen likevel nekter å vise hensyn, forhold deg reservert en stund. Bevar din vennlighet gjemt i ditt indre, men la ikke noe uttrykk for uvennlighet forringe din oppførsel. En av de største seire over det lille selv er å være sikker på din evne til alltid å være omtenksom og vennlig, å være trygg i vissheten om at ingen kan få deg til å oppføre deg annerledes. Etterlev dette. Hele den romerske statsmakt ville ikke ha kunnet vekke uvennlighet i Kristus. Selv overfor de som korsfestet ham, ba han: «Fader, forlat dem, for de vet ikke hva de gjør.»[4]

Når du er trygg på din selvbeherskelse, er din seier større enn den til en diktator – en seier som står plettfri overfor din samvittighets domstol. Din samvittighet er din dommer. La dine tanker være juryen og du være forsvareren. Sett deg selv på

[4] Lukas 23:34.

prøve hver dag, og du vil oppdage at like ofte som du tar imot straffen fra din samvittighet, og like ofte som du strengt ilegger deg dommen å være positiv – å være tro mot din guddommelige natur – vil du være seirende.

Å OPPNÅ SJELENS SEIER

Alder er ingen unnskyldning for ikke å forsøke å forandre seg selv. Seier beror ikke på ungdommelighet, men på standhaftighet. Dyrk frem den standhaftighet som Jesus hadde. Sammenlign hans innstilling, da hans tid til å oppgi legemet var kommet, med innstillingen til et hvilket som helst tilsynelatende suksessrikt, fritt menneske i Jerusalems gater. Til siste slutt, i hver eneste prøvelse – selv da Jesus ble fengslet og korsfestet av sine fiender – var han suverent seirende. Han hadde herredømme over hele naturen, og han lekte med døden for å overvinne døden. De som frykter den, tillater døden å seire over dem. Men de som ser seg selv i øynene, og hver dag forsøker å forandre seg til det bedre, vil se døden i øynene med tapperhet og vinne den sanne seier. Det er denne sjelens seier som er den viktigste.

For meg er det ikke lenger noe slør mellom liv og

død, derfor blir jeg overhodet ikke skremt av døden. Den legemliggjorte sjel er lik en bølge på havet. Når noen dør, stilner sjelsbølgen og forsvinner under overflaten av Åndens hav, hvorfra den kom. Sannheten om døden er skjult for bevisstheten til alminnelige mennesker som ikke gjør noen innsats for å erkjenne Gud. Slike personer forstår ikke at Guds rike, fylt av Hans undere, er inne i dem selv. Der kan ingen smerte, ingen fattigdom, ingen bekymringer og ingen mareritt villede sjelen. Alt jeg behøver å gjøre er å åpne mitt åndelige øye, så er verden forsvunnet og en annen kommer til syne. I dette landet skuer jeg den uendelige Gud. Denne tilstanden oppstår gjennom en balanse mellom aktivitet og meditasjon. Stor aktivitet er nødvendig; ikke med ønske om å tjene seg selv, men med et ønske om å tjene Gud. Og like nødvendig er daglig innsats for å erkjenne Ham gjennom dyp meditasjon.

Å BRINGE VERDSLIGE OPPGAVER I HARMONI MED DIN SØKEN ETTER GUD

Det at du er en svært travel person rettferdiggjør ikke at du glemmer Gud. Tilhengere av den åndelige vei møter sågar flere prøvelser enn de som følger en materialistisk vei. Bruk derfor ikke dine verdslige oppgaver som unnskyldning for å ignorere Gud.

Du burde ikke forsømme Gud til fordel for arbeid, og du burde ikke forsømme arbeid til fordel for Gud. Du må bringe begge aktiviteter i harmoni. Mediter hver dag, og tenk på Gud mens du bærer din tunge bør av verdslige oppgaver. Føl at du gjør alt for å behage Ham. Hvis du arbeider for Gud vil ditt sinn alltid kretse om Ham, uansett hvilke oppgaver du utfører.

I den vanskelige kampen for å bevare balansen mellom meditasjon og aktivitet, er den største trygghet å finne i bevisstheten om Herren. Alt jeg gjør med bevisstheten om Gud, blir meditasjon. De som av vane drikker kan arbeide mens de er under påvirkning av alkohol. Følgelig, hvis du av vane er beruset av Gud, kan du arbeide uten å avbryte din indre, guddommelige samhørighet. I tilstanden av dyp meditasjon, når ditt sinn er tilbaketrukket fra alt og du er ett med Guds bevissthet, vil ingen omflakkende tanker kunne krysse din hukommelses dørterskel. Du vil stå sammen med Gud bak den kraftige jernport av din konsentrasjon og hengivenhet, som verken guder eller troll våger å gå gjennom. Dette er den vidunderligste tilstand av seier!

Kom deg unna alle nå og da, for kun å være med Gud. Oppsøk ingen. Analyser deg selv, studer og mediter. Natten er den beste tid for slik tilbaketrukkethet. Du vil kanskje tro at du ikke kan forandre dine vaner og gjennomføre dette da så mange oppgaver legger beslag på din tid. Men du har hele natten for deg selv, så det finnes ingen unnskyldning for ikke å søke Gud. Vær ikke redd for at du skal miste helsen hvis du mister litt søvn. Gjennom dyp meditasjon vil du oppnå bedre helse.

Etter en viss tid om natten er mitt sinn overhodet ikke i verden; jeg er mentalt trukket bort fra alt. Søvn er en svært liten faktor i mitt liv. Om natten forsøker jeg å føle meg søvnig som andre, jeg forteller meg selv at jeg vil sove, men et mektig Lys fremtrer og alle tanker om søvn forsvinner. Når jeg ikke sover, savner jeg det aldri. I evig våkenhet ser jeg at det ikke finnes søvn. Gleden ved guddommelig visdom fortryller bevisstheten.

Jeg føler Guds drama slik ingen andre kan føle det, unntatt de Han åpenbarer Seg for. Jeg er en del av denne verdens drama, og jeg er atskilt fra det. Jeg ser dere alle som skuespillere i dette kosmiske skuespill. Herren er regissøren. Selv om du er blitt

tildelt en bestemt rolle, har Han ikke skapt deg som
en robot. Han ønsker at du skal spille intelligent og
med konsentrasjon, og med erkjennelsen av at du
ikke spiller rollen for andre enn Ham. Dette er
hvordan du bør tenke. Gud har valgt deg til et
bestemt arbeid i denne verden, og enten du er en
forretningsperson eller hjemmeværende eller en
arbeider – spill din rolle for å behage Ham alene.
Da vil du være seirende over denne verdens lidelser
og begrensninger. Den som har Gud i sitt hjerte,
har alle englers krefter i seg. Denne seier kan ikke
holdes tilbake.

Når du beveger deg blindt gjennom livets dal,
snublende i mørket, trenger du hjelp av noen som
har øyne. Du trenger en guru. Å følge en som er
opplyst er den eneste vei ut av den umåtelige uor-
den som er skapt i verden [...]. Den virkelige vei til
frihet finnes i yoga, i vitenskapelig selvanalyse, og i
å følge en som har krysset teologiens skog og kan
føre deg trygt til Gud [...].

Å VINNE GUD ER DEN STØRSTE SEIER

Husk derfor: Tro ikke at du ikke kan forandre
eller forbedre deg. Analyser deg selv hver kveld og
mediter dypt, idet du ber: «Herre, jeg har levd for

lenge uten Deg. Jeg har lekt lenge nok med mine ønsker. Hvordan vil det gå med meg? Jeg må ha Deg. Kom til min unnsetning. Bryt Ditt løfte om stillhet. Veiled meg.» Ti ganger kan Han forbli stille; men i mellomtiden, når du minst venter det, vil Han komme til deg. Han kan ikke forbli borte. Så lenge du nærer en ondartet nysgjerrighet vil Han ikke komme; men hvis du er virkelig oppriktig, da vil Han være med deg uansett hvor du måtte befinne deg. Dette er verdt all den innsats du måtte gjøre.

Avsondrethet er storhetens pris. Unngå å oppsøke støyete steder for ofte. Støy og rastløs aktivitet holder nervene opprørt med emosjoner. Det er ikke veien til Gud; det er veien til ødeleggelse, da det som ødelegger din fred fører deg bort fra Gud. Når du er rolig og stille, er du med Herren. Jeg forsøker å være for meg selv mesteparten av tiden, men enten jeg er alene eller i folkemengder, finner jeg avsondrethet i min sjel. Hvilken dyp hule! All verdens lyder stilner og verden blir som død for meg idet jeg vandrer inn i min hule av fred. Hvis du ikke har funnet dette indre kongerike, hvorfor sløse bort tiden? Hvem vil komme deg til unnsetning? Ingen andre enn deg selv. Mist derfor ikke mer tid.

Selv om du er lam, blind, døv, stum og sviktet av

verden – gi ikke opp! Hvis du ber: «Herre, jeg kan ikke gå til Ditt tempel på grunn av mine ubehjelpelige øyne og lemmer, men av hele mitt sinn tenker jeg på Deg», da kommer Herren og sier: «Barn, verden gir avkall på deg, men Jeg tar deg inn i Mine armer. I Mine øyne er du seirende.» Jeg lever i prakten av denne bevisstheten om Hans nærvær hver dag. Jeg føler en vidunderlig distanse fra alt annet. Selv når jeg forsøker å føle et bestemt ønske for noe, merker jeg at mitt sinn forblir distansert. Ånden er min føde; Ånden er min glede; Ånden er min følelse; Ånden er mitt tempel og mitt publikum; Ånden er mitt bibliotek hvorfra jeg henter min inspirasjon; Ånden er min kjærlighet og min Elskede. Guds Ånd er det som oppfyller alle mine ønsker, for i Ham finner jeg all visdom, all kjærlighet fra en elsket, all skjønnhet, alt sammen. Det er ingen andre ønsker, ingen andre ambisjoner igjen for meg, foruten Gud. Hva enn jeg søkte, fant jeg i Ham. Det samme vil du.

HVER ÅNDELIGE ANSTRENGELSE DU GJØR
GIR EN SJELENS EVIGVARENDE GAVE

Kast ikke bort mer tid, for hvis du blir nødt til å bytte ut din legemlige bolig må du vente i lang tid på en ny sjanse til å søke Gud for alvor, da du først må gjennom gjenfødelse og barndommens strev og ungdommens rastløshet. Hvorfor ødsle bort din tid i fruktesløse ønsker? Det er tåpelig å bruke din tid på å søke ting du må forsake ved døden. Du vil aldri finne lykke på denne måten. Men hver anstrengelse du gjør for å oppnå Gudskontakt i meditasjon, gir deg en evigvarende sjelens gave. Begynn nå – de av dere som er ekte Gudhengivne og ikke søker egen ære, men Åndens ære.

Hver og en må vinne sin egen seier. Bestem deg for å bli uovertruffent seierrik. Du behøver ingen hær, ingen penger eller noen annen materiell hjelp for å oppnå den høyest mulige seier, kun en sterk besluttsomhet om at du skal vinne. Alt du trenger å gjøre er å sitte stille i meditasjon og med dømme-kraftens sverd kappe av – én etter én – de rastløse tankers fremrykning. Når de alle er døde, vil Guds rike av rolig visdom være ditt.

Hver og en av dere som har hørt denne talen, og som gjør en oppriktig innsats for å forandre dere, vil finne en sterkere samhørighet med Gud, og i Ham finne åndens sanne og varige seier.

OM FORFATTEREN

Paramahansa Yogananda (1893-1952) er allment regnet som en av de mest fremtredende åndelige skikkelser i vår tid. Han var født i Nord-India og kom til De forente stater i 1920, hvor han i mer enn tretti år underviste i Indias urgamle meditasjonsvitenskap og i kunsten å leve et balansert liv. Gjennom sin kritikerroste livsskildring, *En yogis selvbiografi*, og sine tallrike andre bøker, har Paramahansa Yogananda gitt millioner av lesere en introduksjon i Østens evige visdom. I dag er hans åndelige og humanitære arbeid videreført av Brother Chidananda, president for Self-Realization Fellowship[1]/Yogoda Satsanga Society of India.

1 Bokstavelig, «Fellesskap for Selv-erkjennelse.» Paramahansa Yogananda har forklart at navnet Self-Realization Fellowship betyr «Fellesskap med Gud gjennom Selv-erkjennelse, og vennskap med alle sannhetssøkende sjeler.»

YTTERLIGERE INFORMASJON OM PARAMAHANSA YOGANANDAS KRIYA-YOGA-LÆRE

Self-Realization Fellowship er dedikert til frivillig å bistå søkende mennesker over hele verden. For informasjon om våre årlige foredragsserier og klasser, meditasjoner og inspirasjonsmøter ved våre templer og sentre verden over, program for retreater og andre aktiviteter, inviterer vi deg til å besøke vår hjemmeside eller vårt internasjonale hovedkvarter:

www.yogananda.org

Self-Realization Fellowship
3880 San Rafael Avenue
Los Angeles, CA 90065-3219
+1 (323) 225-2471

SELF-REALIZATION FELLOWSHIP
LESSONS

Personlig veiledning og instruksjon fra Paramahansa Yogananda om teknikkene innen yogameditasjon og prinsippene for åndelig levesett

Hvis du føler deg tiltrukket av de åndelige sannheter skildret i *Å være seirende i livet,* inviterer vi deg til å motta *Self-Realization Fellowship Lessons.*

Paramahansa Yogananda utformet denne hjemmestudie-serien for å gi oppriktige søkere muligheten til å lære og praktisere de urgamle teknikker innen yogameditasjon som er nevnt i denne boken – inkludert vitenskapen om *Kriya-yoga. Lessons* byr også på hans praktiske veiledning for å oppnå balansert fysisk, mentalt og åndelig velvære. *Self-Realization Fellowship Lessons* er tilgjengelig for et nominelt beløp (for å dekke trykk- og fraktkostnader).

Gjennom det frivillige arbeidet til Self-Realization Fellowships munker og nonner, tilbys alle studenter personlig veiledning i deres praktisering.

For mer informasjon ...

Vennligst oppsøk **www.srflessons.org** for å be om å få tilsendt en omfattende, gratis informasjonspakke omkring *Lessons*.

Også utgitt av Self-Realization Fellowship ...

EN YOGIS SELVBIOGRAFI
AV PARAMAHANSA YOGANANDA

Denne lovpriste selvbiografien er både en fasci-
nerende fremstilling av et usedvanlig liv og et skarp-
sindig og uforglemmelig innblikk i den menneske-
lige eksistens' største mysterier. Utropt til et mile-
pælsverk innen åndelig litteratur allerede da den
først kom i trykket form, er den fremdeles en av de
mest leste og høyt aktede bøker noensinne utgitt om
Østens visdom.

Med vinnende oppriktighet, veltalenhet og vidd
beretter Paramahansa Yogananda sitt livs inspire-
rende historie – opplevelsene fra hans bemerkelses-
verdige barndom, hans møter med mange helgener
og vismenn under sin ungdoms søken gjennom hele
India etter en opplyst lærer, ti års opplæring i en
høyaktet yogamesters eremitasje og de tretti årene
han levde og underviste i Amerika. Også skildret
her er hans møter med Mahatma Gandhi,
Rabindranath Tagore, Luther Burbank, den katol-
ske Therese Neumann, kjent for sine stigmata, og
andre berømte åndelige personligheter fra Østen og
Vesten. Også inkludert er et omfattende materiale
han føyde til etter at første utgave ble utgitt i 1946,

med et siste kapittel om de avsluttende år av hans liv.

Ansett som en moderne åndelig klassiker, tilbyr *En yogis selvbiografi* en dyp introduksjon i den gamle yogavitenskap. Den er oversatt til flere språk og er ofte brukt ved høyskoler og universiteter. Som en uoppslitelig bestselger har boken funnet sin vei inn i millioner av leseres hjerter verden over.

«En enestående beretning.»

– THE NEW YORK TIMES

«En fascinerende og overbevisende underbygget lesning.»

– NEWSWEEK

«Det har ikke eksistert noe tidligere, skrevet på engelsk eller noe annet europeisk språk, som denne presentasjonen av yoga.»

– COLUMBIA UNIVERSITY PRESS

UTGIVELSER PÅ NORSK FRA SELF-REALIZATION FELLOWSHIP

Tilgjengelige på www.srfbooks.org *eller andre bokforhandlere online.*

En yogis selvbiografi

Menneskets evige søken

Loven om suksess

Hvordan du kan snakke med Gud

Vitenskapelige, helbredende bekreftelser

Metafysiske meditasjoner

Religionens vitenskap

Visdomsord av Paramahansa Yogananda

Dagbok for sjelen

Den hellige vitenskap

Leve fryktløst

**Hvorfor Gud tillater ondskap og
hvordan heve seg over den**

Indre fred:
Hvordan være rolig aktiv og aktivt rolig

Å være seirende i livet

Bøker på engelsk av
Paramahansa Yogananda

Autobiography of a Yogi

God Talks With Arjuna:
The Bhagavad Gita
A New Translation and Commentary

The Second Coming of Christ:
The Resurrection of the Christ Within You
A Revelatory Commentary on the Original
Teachings of Jesus

The Yoga of the Bhagavad Gita

The Yoga of Jesus

The Collected Talks and Essays:

Volume I: **Man's Eternal Quest**
Volume II: **The Divine Romance**
Volume III: **Journey to Self-realization**

Wine of the Mystic:
The Rubaiyat of Omar Khayyam —
A Spiritual Interpretation

Songs of the Soul

Whispers from Eternity

Scientific Healing Affirmations

In the Sanctuary of the Soul:
A Guide to Effective Prayer

The Science of Religion

Metaphysical Meditations

Where There Is Light
Insight and Inspiration for Meeting Life's Challenges

Sayings of Paramahansa Yogananda

Inner Peace:
How to Be Calmly Active and Actively Calm

Living Fearlessly
Bringing Out Your Inner Soul Strength

The Law of Success

How You Can Talk With God

Why God Permits Evil and
How to Rise Above It

To Be Victorious in Life

Cosmic Chants

Lydopptak av
Paramahansa Yogananda

Beholding the One in All

The Great Light of God

Songs of My Heart

To Make Heaven on Earth

Removing All Sorrow and Suffering

Follow the Path of Christ, Krishna, and the Masters

Awake in the Cosmic Dream

Be a Smile Millionaire

One Life Versus Reincarnation

In the Glory of the Spirit

Self-Realization: The Inner and the Outer Path

ANDRE UTGIVELSER FRA SELF-REALIZATION FELLOWSHIP

The Holy Science
Swami Sri Yukteswar

Only Love:
Living the Spiritual Life in a Changing World
Sri Daya Mata

Finding the Joy Within You:
Personal Counsel for God-Centered Living
Sri Daya Mata

Intuition:
Soul Guidance for Life's Decisions
Sri Daya Mata

God Alone:
The Life and Letters of a Saint
Sri Gyanamata

"Mejda":
The Family and the Early Life of Paramahansa Yogananda
Sananda Lal Ghosh

Self-Realization
(et tidsskrift grunnlagt av Paramahansa Yogananda i 1925)

DVD VIDEO

AWAKE:
The Life of Yogananda.
En film av CounterPoint Films

En fullstendig katalog av bøker og audio/video-opptak –
inkludert sjeldne arkivopptak av Paramahansa Yogananda –
er tilgjengelig på www.srfbooks.org.

SELF-REALIZATION FELLOWSHIP
3880 San Rafael Avenue – Los Angeles, CA 90065-3219
TEL +1 (323) 225-2471 – FAKS +1 (323) 225-5088

www.yogananda.org

www.ingramcontent.com/pod-product-compliance
Lightning Source LLC
Chambersburg PA
CBHW021210020426
42331CB00003B/294